我能管好自己 23

孤独

[英] 亚尼内·阿莫斯 / 著　[英] 格温·格林 / 绘　贾洪宝 / 译

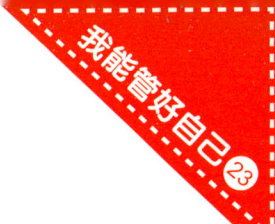

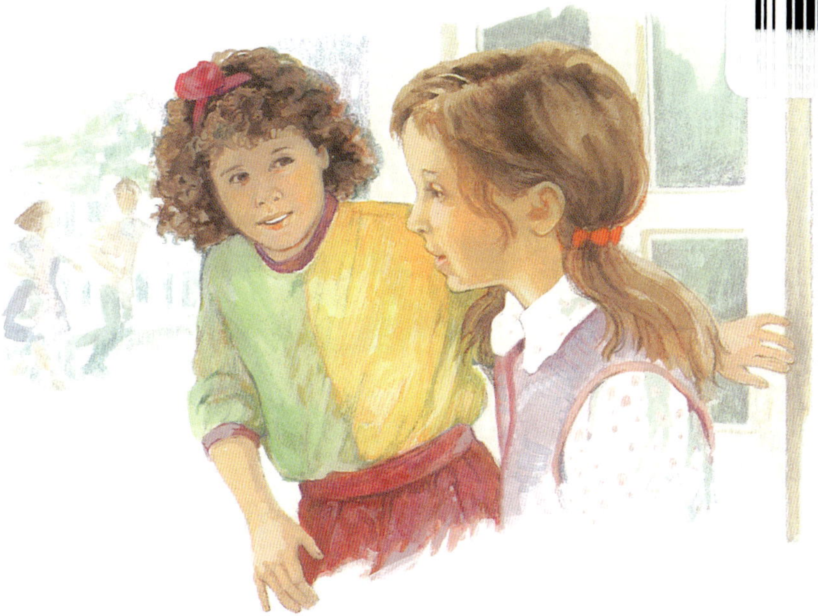

知识产权出版社
全国百佳图书出版单位

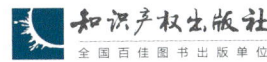

尤娜的故事

　　在乔安娜的生日聚会上,所有的孩子都静静地坐着,一起看魔术师菲斯维兹和她的木偶邦佐表演。
　　"你们都将从这个表演里得到帮助,"邦佐说,"这是个新表演,我还得多练习几遍才能做得更好,你们可一定要为我加油啊!"

很多孩子围过去帮忙,大多数人一边拉着手一边还咯咯地笑。尤娜一个人坐着,她没拉别人的手,只在心里默默地为邦佐加油。

表演开始了。邦佐从他的帽子里变出了一束花,然后鞠了个躬。所有人都为他鼓掌。

演出结束后,孩子们跑出去玩了。尤娜开始时跟着大家,但接着又停了下来。

"怎么办?"她心想,"我不知道该怎样加入他们?"她感到自己被别人遗忘了。

"嗨!你为什么不去和朋友们一起玩?"菲斯维兹问。

尤娜不知道该怎么回答。

菲斯维兹收拾着表演魔术用的道具:三个木偶、几个面具、二十多条彩色围巾,还有其他一些东西。尤娜把魔术棒和纸花递给菲斯维兹,菲斯维兹把它们放进箱子,并一直和尤娜聊天,还给她讲了许多有趣的笑话,但尤娜一直都没开口说话。

收拾完东西,菲斯维兹对尤娜的帮助表示感谢。
"我过去也像你一样害羞。"菲斯维兹说。
尤娜根本不相信。
"我告诉你一个秘密,"菲斯维兹小声说,"邦佐会一些魔法,能帮助害羞的人。"
尤娜看到邦佐扭动着胳膊——他又活起来了。

"我要和你说悄悄话,"邦佐说。尤娜靠过去听。"这个魔法就是:试着忘了自己,只去想别人——就一会儿。"

"应该怎么开始呢?"尤娜问。

"你可以先提问题!"邦佐说,"你总会有一个要问的问题吧。"

"现在你正在用这个魔法。"菲斯维兹说。

"你是什么意思?"尤娜问。

"你在和邦佐交谈呀。"菲斯维兹说,"你每这么做一次,谈话就会变得更容易一些。"

"真像玩魔术。"尤娜笑了。

这时，乔安娜从花园里跑了过来，她气喘吁吁的，但看上去很开心。尤娜很想知道她们在外面玩什么游戏，但又不敢上前搭话。尤娜觉得自己像个局外人。

突然,尤娜想起了邦佐的魔法。

"你们玩得很高兴吧,乔安娜?"她问道,"你们在玩什么呢?"

"'捉迷藏'!来,咱们一起玩。"乔安娜一边说着,一边拉起了尤娜的手。

尤娜一边跟着跑过去,一边回头向邦佐和菲斯维兹挥挥手。

"真灵!"她说。

"和我所有的魔法一样!"菲斯维兹说。

想一想

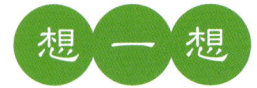

你曾经像尤娜那样感到过不合群吗？你曾经很害羞，以至于不敢和别的孩子打招呼吗？如果是的话，你一定会感到非常孤独，甚至会认为自己是唯一一个不开心的人。

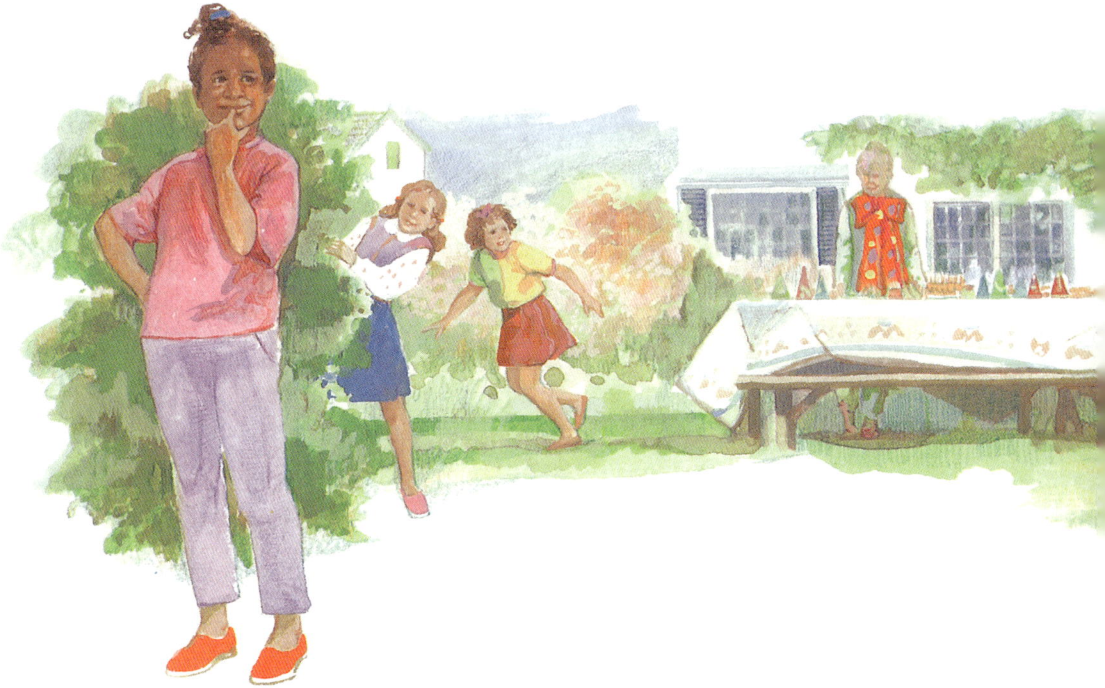

羞怯会使你脸红、不敢说话，会妨碍你做很多喜欢的事。不过，别担心，很多人都有害羞的经历。感到害羞时，你可以尝试着更多地了解别人，询问关于他们的一些问题；或是想想别的事情、做做想做的事。

卡尔文的故事

卡尔文猛推了一下飞机模型,模型撞到了衣柜上。他又猛地倒在床上。砰!床狠狠地撞了一下墙。

"安静点儿!"哥哥泰勒大声喊,他正在隔壁房间做功课。

卡尔文看了看自己的房间。

"我能做点儿什么?"他想,"我已经看完了所有的书,也整理好了床。我不想玩智力游戏。真烦!真烦!真烦!"

他叹着气,把手插在兜里,从楼上一步一步走了下来。

卡尔文在过道里走着,唱起了歌。感觉心烦的时候,他就会唱一首很特别的歌,这歌既没有什么歌词,也不成什么曲调,但他在大声地唱。

"嘭——嘭——嘭!"卡尔文唱着走进了厨房,"嘭——嘭——嘭!"

"这声音太难听了,"妈妈生气地说,"别吵醒了弟弟阿士利!你出去玩吧!"

卡尔文又叹了口气，走到了院子里。他一边走，一边踢着地上的小石头，鞋上很快沾满了泥。他嘴里"嘭——嘭——嘭"地还在唱。

这时，一个人从汽车下面探出头来，是爸爸。"卡尔文，不要再发出这种烦人的声音了！"爸爸说。

卡尔文长长地叹了口气，在篱笆旁坐下来，看爸爸修理汽车。这时，他发现了一根小木棍，就顺着篱笆跑过去，捡起了木棍。

卡尔文想起了学校里的朋友,猜想着他们现在正在做什么。"要是我住得离他们近点儿就好了。"他想。就这样,他拿着木棍一直绕着篱笆转悠。

"卡尔文!"过了一会儿,爸爸大声叫,"放下木棍,到这里来。"

卡尔文扔下棍子,走到爸爸身边。

"你怎么了?"爸爸问。

"没什么,只是无事可做。"卡尔文说,"我不能和泰勒玩,他太大了,阿士利又是个小娃娃,其他同学住得很远,我觉得无聊。"

"你是说感觉很孤独吧。"爸爸说着,靠近卡尔文在小路上坐下来。"咱们想想办法,让你交个住在附近的朋友。"

"这附近的孩子相互已经很熟悉了,"卡尔文小声说,"我是个局外人。"

"在家里待着是解决不了问题的,你应该到外面去,多和其他孩子在一起。"爸爸说。

"可我不知道该怎么交朋友。"卡尔文说。

　　爸爸举起一只手,掰着手指说:"有五个办法可以让你不再孤独,还会帮你交到朋友!参加体操俱乐部,参加游泳俱乐部,参加戏剧小组,参加唱诗班,邀请同学来家里玩。你准备先做什么呢?"

"参加游泳俱乐部!"卡尔文叫着,"我还要请同学鲍勃星期六来家里玩。"

爸爸站起来。"穿上你的衣服。"他说。

"去哪儿?"卡尔文问。

"去运动中心的游泳馆给你报名!"爸爸说。

下午喝茶的时候,卡尔文高兴得一直咧着嘴笑。

"我每个星期一的晚上都要去游泳俱乐部。"他告诉妈妈,"星期六,我邀请鲍勃来家里玩,好吗?"

"当然可以,"妈妈笑着说,"只要你不教他唱歌就行!"

想一想

　　有时一个人待着会感觉很好，有很多事可以做，比如看书、画画、做模型、听音乐等。但是，自己待一段时间后，可能会像卡尔文那样感到烦闷和孤独。

　　如果是这样，你可以找点儿特别的事情做；也可以参加一些兴趣小组的活动，尝试着多交一些朋友。

特蕾西的故事

特蕾西和班上的同学们正在画一幅画,他们要一起来完成。
"用这种办法,我们就能画一幅非常大的画。"李老师说。
"我们怎么知道该用哪一种颜色?"莉萨问。
"我们可以依次挑选颜色。"李老师说。
"我先来!"安格斯大声说,"我要画天空,把它涂成蓝色。"
接着,每个人用画笔蘸蓝色颜料,一起画了一片明亮的蓝天。

　　特蕾西画得非常认真,她喜欢用画笔在纸上涂抹的感觉。她想画得快一点儿,可又担心出错,怕自己把画给毁了。

　　天空很快就涂好了,大家在洗画笔。这时,李老师请哈桑选一种新的颜色。

　　"黄色吧,画太阳。"他说。

　　所有的孩子又用画笔蘸黄色颜料,画了一轮巨大的太阳。

接着轮到了莉萨,她挑了绿色。莉萨的后面是菲利普,他选了红色。

有的孩子把颜料溅得到处都是,有的孩子把颜料滴了下来,但特蕾西没有溅脏或滴脏一点儿,她在慢慢画着。

"特蕾西,该你挑选颜色了。"李老师说。大家都看着特蕾西,而她则双眼盯着地,一句话也不说。所有人都在等着,教室里非常安静。

　　安格斯还想挑,他大声说:"特蕾西什么也不懂!我知道!我知道!让我再挑一次吧!"
　　李老师没有让安格斯挑。"我们等着特蕾西。"她说。
　　但特蕾西根本不知道要用什么颜色。此刻,她感到自己很弱小、很孤独。"我不会选颜色,我也不想选。"她心里想。

"特蕾西,该你挑了。"李老师又说了一遍,声音非常温和。特蕾西望着老师,她试图忘掉其他人的存在。

"紫色!"她最后说。

"紫色!"大家一齐说,"这正是我们需要的颜色!"

很快,画画好了,李老师把它在墙上铺展开,挂了起来。全班同学都很喜欢这幅画。

"特蕾西选的紫色是我最喜欢的颜色!"安格斯说。

特蕾西这时才露出了笑容。

放学时间到了,大家冲向教室门口,但李老师叫住了他们。"大家举起手!"她喊道。

大家把手高高地举过了头。

"走之前你们必须把手洗干净,你们的手都变成紫色的了。看看,谁的手是最脏的?"李老师说。

"我的!"特蕾西笑着说。

> 想一想

你曾像特蕾西一样感到过孤独吗?她常常觉得自己和别的孩子不同,别人能做的事自己却做不好。

当特蕾西鼓足了勇气,说出"紫色"的时候,她的心情变得好起来了。

孤独是一种痛苦的感受。尤娜、卡尔文和特蕾西感到孤独时，都得到了信任的人的帮助，所以，有孤独的感受时，你可以通过自己的努力摆脱这种情绪，也可以向老师或爸爸妈妈寻求帮助。

图书在版编目（CIP）数据

孤独 /（英）阿莫斯著；贾洪宝译 . — 北京：知识产权出版社，2016.1

（我能管好自己）书名原文：Lonely

ISBN 978-7-5130-3317-6

Ⅰ. ①孤… Ⅱ. ①阿… ②贾… Ⅲ. ①品德教育 — 儿童教育 — 家庭教育 Ⅳ. ① G78

中国版本图书馆 CIP 数据核字（2015）第 013377 号

First published in the United Kingdom by Cherrytree Books,1990
Copyright©Evans Brothers Ltd.
This edition published under licence from Pila Books Limited.
This edition is only available for sale in Mainland China.

责任编辑：李 潇　　　　　　　　　责任校对：董志英
装帧设计：于 静　　　　　　　　　责任出版：刘译文

我能管好自己 ㉓

孤 独

[英] 亚尼内·阿莫斯 著　　　[英] 格温·格林 绘
贾洪宝 译

出版发行：	知识产权出版社有限责任公司	网　　址：	http://www.ipph.cn
社　　址：	北京市海淀区马甸南村 1 号	邮　　编：	100088
责编电话：	010-82000860 转 8133	责编邮箱：	elixiao@sina.com
发行电话：	010-82000860 转 8101/8102	发行传真：	010-82000893/82005070/82000270
印　　刷：	北京中科印刷有限公司	经　　销：	各大网上书店、新华书店及相关专业书店
开　　本：	787mm×1092mm　1/16	字　　数：	40 千字
版　　次：	2016 年 1 月第 1 版	印　　张：	2
ISBN 978-7-5130-3317-6		印　　次：	2016 年 1 月第 1 次印刷
京权图字：01-2015-0600		定　　价：	9.00 元

版权所有 侵权必究
如有印装质量问题，本社负责调换。